DES MANIFESTATIONS

DU

RHUMATISME

SUR L'URÈTHRE ET LA VESSIE

Par le Dr Jean GUILLAND (d'Aix-les-Bains)

PARIS

V. A. DELAHAYE et Cᵉ, LIBRAIRES-ÉDITEURS

PLACE DE L'ÉCOLE-DE-MÉDECINE, 23

1876

Paris. — Typ. PILLET et DUMOULIN, 5, rue des Grands-Augustins.

DES MANIFESTATIONS

DU

RHUMATISME

SUR L'URÈTHRE ET LA VESSIE

Par le Dr Jean GUILLAND (d'Aix-les-Bains)

PARIS

V. A. DELAHAYE et Cᵉ, LIBRAIRES-ÉDITEURS

PLACE DE L'ÉCOLE-DE-MÉDECINE, 23

1876

DES MANIFESTATIONS
DU RHUMATISME

SUR L'URÈTHRE ET LA VESSIE

AVANT-PROPOS

L'étude des rapports qui unissent le rhumatisme et la blennorrhagie, souvent mise sur le tapis depuis quelques années, a suscité déjà bien des controverses.

Cependant, la question n'est point encore élucidée, et, à la suite de la fameuse discussion de 1866, au sein de la Société médicale des hôpitaux, M. le docteur Peter a pu dire avec raison « qu'il n'y avait eu d'unanimité que dans le désaccord. » M. Pidoux, de son côté, reconnaissait le peu de résultat obtenu. « Personne, dit-il, ne doit se flatter « encore de pouvoir parler ferme sur cette belle « question, et je suis venu balbutier à mon tour.

« Aussi me garderai-je bien de formuler des con-
« clusions, il n'y en a pas aujourd'hui de pos-
« sibles. »

Après un langage d'une aussi grande franchise,
nous sommes très-embarrassé pour aborder un
point, si minime soit-il, de la question. Et c'est
derrière l'autorité d'une des théories émises dans
cette même discussion que nous abriterons notre
opinion personnelle.

Nous n'avons pas à discuter ni même à résumer
ici ce qui a été dit alors sur le rhumatisme blennorrhagique ; de nombreux travaux ont été publiés
sur ce sujet.

Nous citerons, parmi les plus récents, celui du
docteur Quinquaud, les thèses de MM. Sucquet
(1868) et Louis Chevalier (1875).

M. Peter se demandait, pour expliquer le rhumatisme bennorrhagique : si, dans pareil cas, au lieu
d'avoir d'abord des accidents du côté des synoviales
articulaires et ensuite des déterminations morbides
sur les membranes séreuses splanchniques, on n'a
pas un accident sur une membrane muqueuse
d'abord, des déterminations morbides sur les synoviales articulaires ensuite.

Il terminait en formulant les conclusions suivantes :

« La *facilité* du développement de la blennorrhagie chez certains sujets ;

« La *répétition* de celle-ci chez ces mêmes sujets,
tiennent à la diathèse rhumatismale

« Il n'y a donc pas alors de *rhumatisme blennorrha-gique*, mais *une blennorrhagie rhumatismale*. »

Cette dernière théorie, si vraisemblable, servira de base à notre travail ; nous chercherons à démontrer que le rhumatisme retentit sur l'urèthre, et peut à lui seul donner naissance à une véritable blennorrhagie.

Peut-être apporterons-nous ainsi un argument à l'identité du rhumatisme vulgaire et de celui que l'on a nommé blennorrhagique, en faisant ressortir un des côtés de la dépendance mutuelle des écoulements uréthraux et des affections rhumatismales.

Dans une seconde partie, nous poursuivrons notre étude et nous examinerons si le rhumatisme ne peut pas déterminer avoir des manifestations localisées sur la vessie.

PREMIÈRE PARTIE

DE L'URÉTHRITE RHUMATISMALE

Afin de prévenir toute équivoque, nous devons expliquer d'abord le sens précis que nous attribuons aux mots : uréthrite et blennorrhagie.

Avec Ricord, Langlebert, A. Fournier, Profeta, (de Palerme) Bumstead et Berkeley-Hill, nous refusons d'admettre la virulence de la blennorrhagie, nous nous séparons donc franchement de cette école (Diday, Guérin, Rollet), qui, s'inspirant du célèbre axiôme de Schawnn : « Omnis cellula a cellulà, » a pris pour devise « Omnis blennorrhagia a blennorrhagià ».

Nous croyons qu'une cause irritative quelconque, apte à provoquer l'inflammation d'une muqueuse, peut donner naissance à un écoulement aussi aigu, aussi contagieux, aussi persistant, aussi blennorrhagique en un mot, que s'il devait son origine à la contagion la plus avérée.

Pour nous, la blennorrhagie n'est donc qu'une uréthrite; parmi ses causes multiples, on doit quelquefois compter certains états généraux diathésiques ou accidentels, parmi lesquels nous plaçons le rhumatisme.

HISTORIQUE

Sans chercher à nous appuyer sur l'interprétation toujours plus ou moins équivoque des textes anciens, nous ne remonterons pas au delà du dernier siècle, où nous rencontrons sur la question qui nous occupe d'assez nombreux documents.

« Si des gonorrhées simples en apparence, écrivait Vigarous en 1780, tombent sur des tempéraments atteints d'un vice goutteux héréditaire ou accidentel, d'un vice *rhumatismal* psorique ou dartreux, les premières périodes sont sans tumulte, mais la maladie est opiniâtre. »

Ainsi, au dire de Vigarous, le rhumatisme peut entretenir, prolonger les écoulements uréthraux.

Henry Bass, chirurgien allemand, observateur très-judicieux, nous a laissé l'histoire d'une gonorrhée épidémique qui a régné au mois de juin 1730. Il a remarqué qu'elle se manifestait *sans qu'ils aient eu de commerce avec aucune femme,* chez les sujets sensibles, accoutumés à une vie sédentaire.

Cette épidémie s'est montrée à la suite de fortes chaleurs qui se seraient fait sentir depuis la fin de mai jusqu'au milieu de juin, et auxquelles aurait succédé une température froide et humide. Les malades se plaignaient de ressentir comme une corde qui s'étendait tout le long du canal jusqu'à l'extrémité du gland. Peu de jours après, l'écoulement devenait jaunâtre et tellement abondant qu'il tachait plusieurs linges. Les urines causaient en passant une chaleur insupportable, et les érections étaient continuelles. Cet écoulement dura chez quelques-uns cinq ou six semaines.

Ces faits sont confirmés par Goulard et par Fabre (Bassius, *Obs. chirurg.-méd.*, in-12, Hol., Mayd, 1731, cité par Bell, page 527).

Une blennorrhagie se manifestant sur un grand nombre d'individus, soumis aux mêmes conditions hygiéniques, n'ayant *pas eu de commerce avec les femmes* et dès l'apparition d'une température humide et froide; il serait difficile de ne pas voir là une influence rhumatismale,

Nous ferons remarquer l'acuité extrême qu'ont revêtue les phénomènes dans ce cas particulier.

A la fin du dix-huitième siècle, Hunter, dans le chapitre consacré au diagnostic de la gonorrhée, dit : « On sait que l'urèthre est quelquefois le siége de la goutte. Il l'est aussi du *rhumatisme*. » (*Traité des maladies vénériennes*, édition de 1787, page 35).

De son côté, Bell déclare que l'on a vu des sujets atteints d'écoulements de l'urèthre, pour être restés quelque temps sur une pierre froide (*Treatise on the gonorrhea virulenta and Lues venerea*. Edimburgh, 1793).

Murray, Vandenbasch, Stall, Frank le père ont vu la gonorrhée produite par les dispositions arthritiques et rhumatismales.

Brendel, Broysen, Wedckind, Rœderer, Closius et Chambon sont cités par Hernandez comme partageant cette même opinion.

Hecker est plus affirmatif et donne de minutieux détails. Dans son traité, peut-être un peu confus, mais si rempli d'observations, nous relevons les passages suivants :

« Si une personne affectée d'un catarrhe ou de rhumatisme, s'expose à l'infection, elle peut contracter une gonorrhée que cette complication rend ordinairement plus opiniâtre, plus encline à une marche chronique....

« Mais on peut aussi, sans avoir eu de commerce avec une personne suspecte, contracter une gonorrhée catarrhale ou rhumatismale, surtout si ces deux dernières maladies sont alors dominantes....

« Non-seulement les gonorrhées ordinaires guéries depuis peu, reparaissent facilement quand l'individu est affecté d'un catarrhe ou de rhumatisme, mais encore la même chose peut arriver au bout d'une ou de plusieurs années, quand le siége de la première gonorrhée a conservé une sensibilité morbide....

« Ce serait fort à tort que, dans des cas pareils, on soupçonnerait un principe contagieux sans avoir aucune preuve directe de sa présence....

« L'examen plus particulier du malade décidera si l'affection est catarrhale ou rhumatismale. Dans ces derniers cas les douleurs sont peu vives, et l'inflammation peu intense, mais l'écoulement est fort abondant, d'abord aqueux, puis jaune épais, presque purulent, absolument semblable à la matière qui sort du nez dans le coryza » (Hecker, *Traité des différentes espèces de gonorrhée*, chap. VI).

La blennorrhagie rhumatismale existe donc bien pour cet auteur, il en trace même les principaux caractères.

Telle est aussi l'opinion d'Hernandez, qui l'exprime ainsi : « Des causes tout à fait étrangères à la syphilis, au coït impur même, produisent des écoulements uréthraux qui offrent absolument les mêmes phénomènes que les gonorrhées dites vénériennes. »

Et à l'appui de son dire, il cite les auteurs dont nous avons mentionné plus haut le témoignage en faveur de l'influence rhumatismale.

Plus près de nous, quand se précisèrent nos connaissances sur les maladies vénériennes, l'attention semble avoir été distraite de ces problèmes secondaires, absorbée qu'elle était par les grandes questions doctrinales; aussi ne s'étonnera-t-on pas de voir les auteurs de la première moitié du siècle beaucoup moins explicites que ne l'avaient été leurs devanciers. Encore n'avaient-ils en vue que l'action de la blennorrhagie sur le rhumatisme, sans se préoccuper beaucoup de la dépendance réciproque des deux maladies.

Nous ne saurions toutefois passer sous silence l'opinion de M. Desmarres, qui écrivait dans son *Traité des maladies des yeux* (tome 2, p 107) : « Il faut cependant se rappeler que le rhumatisme peut porter son action sur la muqueuse uréthrale et donner lieu, sinon à une véritable blennorrhagie, du moins à des écoulements qui la simulent. Ainsi l'on a admis et décrit des uréthrites rhumatismales. Eh bien, il serait possible, pour quelques-uns des cas où il y a en même temps écoulement de l'urèthre et arthrite, que les deux affections reconnaissent la même cause. » Ricord ne fait que signaler des écoulements uréthraux symptomatiques de la goutte et du rhumatisme, sans qu'il y ait eu de coït et par suite possibilité de contagion.

En somme, l'on n'a jusque-là que quelques données vagues et peu concluantes, les détails précis manquent pour appuyer ce qui n'est encore qu'une hypothèse.

C'est en réalité en 1866 qu'il faut arriver pour voir la question franchement posée (1) par le docteur Peter, devenir le point de départ d'une importante discussion. Bien que ces problèmes aient reçu, des nombreux orateurs qui y ont pris

____

(1) *Union médicale*, 23 décembre 1866 et 5 mars 1867.

part, des solutions bien diverses, des arguments et des faits nouveaux ont été apportés, et l'on peut dire que c'est de cette célèbre discussion que date véritablement l'histoire scientifique de l'uréthrite rhumatismale.

Depuis lors, d'intéressantes observations sont venues confirmer l'opinion émise par M. Peter.

§ 1. — *De l'influence du rhumatisme sur la marche de l'uréthrite préexistante.*

Un premier point de la question est aujourd'hui admis par la généralité des observateurs ; je veux parler de l'influence que le rhumatisme, comme d'autres diathèses du reste, exerce sur la marche de la blennorrhagie de cause vulgaire.

Il lui imprime un cachet tout spécial, en modifie les symptômes d'une façon marquée ; chez le rhumatisant, la blennorrhagie a souvent une durée insolite, et cela sans causes organiques appréciables : rétrécissement ou lésions chroniques de la prostate. Aussi est-il rare de rencontrer un rhumatisant chez qui la blennorrhagie ne dégénère pas en blennorrhée.

« La blennorrhagie, dit M. Peter, ne guérit pas « alors et ne devient blennorrhée que parce que « l'individu qui la porte est rhumatisant, et la « moindre cause l'exaspère pour la même raison.

« ..... Il n'y a pas là de diathèse blennorrhagique,
« il n'y a pas là de virus en action ; si diathèse il y
« a, c'est la rhumatismale. »

Aussi est-ce chez eux que l'on rencontre ordinairement ces interminables affections du canal, que le moindre excès ravive et peut ramener à l'état aigu.

L'épreuve thérapeutique vient du reste confirmer cette théorie. Dans la discussion de 1866, deux cas furent cités, où la blennorrhagie entretenue par un vice diathésique ne céda qu'au traitement général. L'un est dû au docteur Voisin. Il a trait à un jeune homme de 25 ans, atteint depuis cinq ans d'une blennorrhagie qu'aucune médication locale n'avait pu guérir. M. Voisin, consulté par le malade, reconnut chez lui le caractère goutteux de cette affection. Une saison à Vichy fut prescrite, et, au *bout de quinze jours,* l'écoulement avait cessé et depuis lors n'a pas reparu.

Le second cas est celui d'un herpétique, client de M. Pidoux, qu'une cure aux Eaux-Bonnes conseillée pour une angine granuleuse, guérit d'un écoulement rebelle.

Nous avons été témoin d'un fait analogue où la blennorrhée, à tout aussi juste titre, pouvait, croyons-nous, être rattachée à la diathèse rhumatismale : M. X, jeune homme de 27 ans, vient aux Eaux d'Aix pour quelques douleurs articulaires. Il a eu dans son enfance du rhumatisme aigu. Depuis plus de deux ans, ce jeune homme traîne une blennorrhée dont il ne peut se débarrasser. Après une vingtaine de douches et de bains, tout suintement avait cessé. Dans ce cas, on ne saurait invoquer l'action, bien minime suivant nous, du changement d'habitudes et du retour à une vie plus calme, plus hygiénique. Nous pouvons assurer que, pendant son séjour à Aix, ce jeune homme ne dirigea nullement son genre de vie dans ce sens. Nous ajouterons qu'il ne suivait aucune médication interne par les eaux sulfureuses. La guérison s'est confirmée.

Ces quelques exemples, qu'il serait facile de multiplier, (bon nombre de cas analogues nous ont été cités par des médecins exerçant à Aix), ne sont-ils pas un certificat de l'origine diathésique de la blennorrhée, puisque seul un traitement général dirigé contre le rhumatisme a fait disparaître la lésion locale? Et ne pourrait-on pas élargir le cadre de la thérapeutique à opposer à ces blennorrhées interminables qui affectent si péniblement le moral des malades?

Outre cette action *prolongatrice*, on a noté une sensibilité plus grande au froid humide qui amène une recrudescence dans les symptômes. Ces faits sont d'observation journalière. Dans ces cas, l'affection ne diffère pas de bon nombre d'autres manifestations franchement rhumatismales.

Autre point sur lequel il a déjà été insisté : On est frappé de la facilité avec laquelle, pour la cause la plus banale, les rhumatisants sont atteints d'écoulement. Les chaudepisses *dites à répétition* semblent être leur apanage. Chez eux, en effet, le nombre des récidives est d'une étonnante fréquence. Un excès de coït, de boissons, etc., qui chez d'autres ne produit rien, fait naître une chaudepisse. Mais, je n'ose insister sur ce point, il serait facile de m'objecter qu'il restait alors un petit foyer inflammatoire méconnu, que, sous l'influence de l'excitation, il s'est étendu, propagé au reste de l'urèthre, et qu'il n'y a pas eu récidive, mais rechute. Ces faits, toutefois, nous semblent dignes d'attention.

§ II. — *De l'influence du rhumatisme sur la production de l'uréthrite.*

Nous arrivons à la partie la plus importante de ces quelques considérations sur l'uréthrite rhumatismale. Jusqu'ici nous avons examiné l'influence du rhumatisme sur une blennorrhagie préexistante et à laquelle on pouvait assigner une autre cause. Nous allons maintenant chercher à établir par des faits que, sous la seule influence de la diathèse rhumatismale, sans autre cause connue : coït, excès, etc., il peut se déclarer un écoulement. Nous étudierons ensuite comment se comportera cette nouvelle forme d'uréthrite.

Le nombre de faits semblables n'est pas très-considérable; nous avons dû laisser de côté ceux qui ne présentaient pas un cachet d'authenticité suffisant, ou bien dont le caractère ne nous a pas semblé assez probant.

Observation I.

M. S***, âgé de 45 ans, marié et père de trois enfants, d'une forte constitution, d'un tempérament bilioso-sanguin, d'une santé habituellement bonne, n'ayant jamais eu de sa vie ni blennorrhagie, ni affection vénérienne, ayant éprouvé, il y a quinze ans, un rhumatisme articulaire aigu général, qui guérit au bout de deux mois, sans accident ni métastase aucune, fut de nouveau atteint de cette même maladie, de forme aiguë, au mois de mars 1845.

Lorsque nous fûmes appelé, le mal existait depuis trois jours. Nous eûmes recours aux émissions sanguines, soit générales, soit locales, au nitrate de potasse à haute dose; le malade, un peu récalcitrant, ne se soumit que fort imparfaitement à nos prescriptions. Toutefois, les douleurs articulaires commençaient à céder, lorsque, douze jours après l'invasion, les articulations des pieds et celle du coude droit étant encore assez fortement prises pour rendre douloureux les moindres mouvements, le malade, sans cause connue et à sa grande surprise, se trouva presque subitement et complétement débarrassé de son affection, dont il se crut définitivement guéri. Mais en quelque sorte, au même instant, il se plaignait d'éprouver quelque chose d'insolite du côté de l'appareil génito-urinaire; il ressentait de l'ardeur, de la douleur dans l'émission des urines; il fut consterné de voir sortir par le canal de l'urèthre de la matière puriforme. La veille, il y avait bien senti quelque chatouillement, du prurit, mais il ne s'y était pas arrêté. Nous examinâmes : c'était ni plus ni moins une blennorrhagie, que nous crûmes pouvoir qualifier de rhumatismale, parce que, dans notre pensée, elle était due au principe arthritique. Questionné, nous le répétons, sur ses antécédents, M. S*** nous affirma toujours, et d'une manière bien positive, n'avoir jamais eu ni écoulement, ni affection syphilitique d'aucune espèce. (Jœgershmid in *Abeille médicale*, 1850, page 102).

Observation II.

Jean B***, âgé de 12 ans, appartenant à la classe ouvrière et dont le père a eu plusieurs atteintes de rhumatisme, s'étant souvent reposé à l'humidité et ayant, notamment plusieurs fois, supporté les vêtements mouillés par la pluie, fut pris, à la suite d'une imprudence de ce genre, d'un rhumatisme articulaire subaigu, qui commença par les épaules et gagna successivement et en peu de jours toutes les autres articulations. Appelé auprès du jeune malade le deuxième jour (c'était le 9 mai), nous prescrivons de provoquer les sueurs par quelques boissons délayantes légèrement diaphorétiques. Elles se déclarent en abondance et amènent une cessation presque complète des douleurs; déjà l'on croit cet enfant guéri; mais, comme cela arrive assez souvent, ce mieux ne se soutient pas longtemps, et, trois jours après, l'affection rhumatismale apparaît de nouveau. On a recours encore à la diaphorèse, qui survient, mais cette fois sans nul profit sensible pour le patient.

Ce malade, enfant gâté et d'un caractère emporté, ne veut se soumettre à aucune de nos prescriptions, et ses parents sont trop faibles pour lui résister. C'est à peine si l'on parvient à lui faire prendre quelques doses de sulfate de quinine. Tout ce que nous pouvons employer, encore à grand'peine, c'est un liniment opiacé qui ne produit qu'un faible amendement dans les symptômes.

Nous en étions au quinzième jour depuis l'invasion, nous bornant, par force, à une médecine expectante, lorsque, à notre visite du matin, l'enfant se plaint d'ardeur, de chaleur incommode en urinant, ce qui l'a fait bien souffrir pendant la nuit; il nous dit qu'il rend par l'urèthre de la *pourriture* (ce sont ses propres expressions), et que depuis trois jours environ il y ressentait du picotement; nous examinons les organes génitaux et nous reconnaissons un écoulement de matières blanches, jaunâtres, qui alla en augmentant. Dès lors les douleurs disparurent comme par enchantement; le troisième jour, il restait encore un léger endolorissement de l'articulation huméro-cubitale gauche, lequel s'évanouit également; le quatrième, l'enfant était entièrement guéri et commençait à sortir de son lit.

Ayant voulu, quelque temps après, traiter méthodiquement cette blennorrhagie métastatique, nous éprouvâmes la même résistance de la part du petit malade, et fûmes contraint d'abandonner le soin de la guérison aux seules forces médicatrices de la nature; ce ne fut qu'au bout de vingt-huit jours que cet écoulement cessa, sans que l'affection rhumatismale se soi' remontrée (JŒGERSHMID. *Abeille médicale*, 1850, page 103).

Nous trouvons l'observation suivante, due à M. le docteur Martineau, à la suite de la discussion de M. Peter, à qui elle fut envoyée, comme preuve de la théorie qu'il venait d'émettre :

OBSERVATION III.

M. X***, âgé de 24 ans, a eu une première attaque de rhumatisme à l'âge de 14 ans. Dès cette époque, son père, qui était médecin, s'est aperçu qu'il avait une uréthrite, laquelle a persisté pendant toute la durée de l'affection rhumatismale (à cette époque, le jeune homme en question n'avait pas encore vu de femme). Cette première attaque de rhumatisme généralisé suraigu a duré trois semaines.

Depuis, il y a eu trois nouvelles attaques de rhumatisme articulaire aigu généralisé, l'une à l'âge de 18 ans, les deux autres l'année passée. Je l'ai soigné dans les deux dernières. Chaque fois, lorsque le rhumatisme s'est déclaré, l'uréthrite est survenue, uréthrite non douloureuse, mais donnant lieu à un écoulement purulent très-abondaut. Le malade ne s'en préoccupait nullement, il savait qu'elle guérirait avec le rhumatisme. Aussi, la première fois que je fus appelé auprès de lui il m'interpella ainsi : « Docteur, je suis pris de mon rhumatisme ; demain, j'aurai un écoulement uréthral. Toutes les fois c'est la même chose. »

En effet, le lendemain l'uréthrite apparaissait. Ainsi ce fait est la contre-partie de celui rapporté par M. Fournier, car mon malade, toutes les fois qu'il est atteint d'un rhumatisme, est sûr d'avoir une uréthrite.

J'ajouterai que ce n'était pas seulement la muqueuse uréthrale qui était atteinte ; la muqueuse conjonctivale, pharyngée, laryngée, et même bronchique, était chaque fois le siége d'une congestion assez forte et d'une hypersécrétion assez abondante. Comme vous le supposez, sans doute, je ne me suis nullement préoccupé de cette uréthrite, elle a guéri toute seule lorsque l'affection articulaire a été guérie. (Martineau.)

Observation IV.

M. X***, âgé de 27 ans, atteint d'une blennorrhagie intense, se présente à ma consultation. Je m'informe, selon mon habitude, de la cause probable de cette affection, et j'apprends du malade, tout étonné de se trouver dans un tel état, que depuis plus d'un mois il n'a eu aucune espèce de rapports sexuels. Ne pouvant mettre en doute l'assertion de ce client, je continue mon interrogatoire et j'apprends qu'étant au service militaire, il a contracté dans les camps des rhumatismes dont il a beaucoup souffert, et que, il y a quelques années, il fut même, au retour du camp de Châlons, atteint d'un rhumatisme articulaire aigu qui mit sa vie en danger.

Je pensai dès lors avoir affaire à un cas de blennorrhagie par cause rhumatismale. Toutefois, ce malade n'ayant subi encore aucune espèce de traitement, je prescrivis celui que j'emploie dans les blennorrhagies ordinaires à cette période (tisane de pariétaire, bains tièdes, pilules camphrées), et comme les ganglions inguinaux étaient douloureux, je fis faire le soir une friction avec une pommade hydrargyrique belladonée, et appliquer ensuite des cataplasmes.

Je revis quelques jours après le malade, et comme l'inflammation était moins aiguë, je conseillai le cubèbe ; mais ce que je redoutais arriva : l'écoulement s'accrut beaucoup et les ganglions devinrent plus douloureux encore.

Je renonçai immédiatement à un traitement spécifique qui, ainsi que je l'avais vu dans des cas semblables, ne saurait convenir à cette forme de la blennorrhagie, et après avoir purgé le malade, je le mis à la tisane nitrée et aux bains tièdes.

Je revis assez régulièrement ce malade, et je pus constater que, bien que l'écoulement fût toujours très-intense, les ganglions, cependant, n'étaient pas douloureux.

Enfin, environ un mois après le commencement de ce traitement, il m'annonça que, ayant éprouvé des douleurs dans les articulations des membres supérieurs, son écoulement avait complétement disparu dans la même nuit. Je l'examinai avec le plus grand soin et je pus constater la vérité de son assertion, le canal était très-sec, bien qu'encore douloureux.

Je fis alors supprimer les bains, destinés surtout à combattre l'inflammation locale, et je fis prendre au malade une potion avec de la teinture de bulbe de colchique, qui fit disparaître en peu de temps les douleurs articulaires.

Depuis cette époque, et il y a plusieurs années, la guérison s'est maintenue (Dr L. Calvo, *Abeille médicale*, 24 août 1874).

M. Calvo tire de cette observation les conclusions suivantes :

1° Que le rhumatisme donne lieu par lui seul une affection de l'urèthre qui simule la blennorrhagie proprement dite.

2° Que dans ces blennorrhagies rhumatismales, l'écoulement très-abondant peut cesser subitement.

3° Que le traitement doit être celui dirigé contre le rhumatisme.

Nous devons à l'obligeance d'un ancien interne des hôpitaux de Paris sa propre observation; la position de son auteur donne à ce fait une garantie d'authenticité et un caractère scientifique que l'on ne saurait lui refuser.

OBSERVATION V.

M. X*** compte de nombreux rhumatisants dans sa famille. Son grand-père maternel est mort d'une affection cardiaque consécutive au rhumatisme; sa mère est très-franchement sous l'influence de la diathèse, et un de ses frères a été atteint de rhumatisme polyarticulaire compliqué d'endocardite. L'hérédité est donc bien nettement établie chez ce jeune homme.

Trois ans avant les accidents dont nous allons parler, il a contracté une blennorrhagie qui a duré six semaines à peu près; elle ne s'est compliquée d'aucun accident et a disparu radicalement, sans blennorrhée consécutive. Dans les trois années qui ont suivi, nous n'avons à signaler aucune affection des organes génito-urinaires.

A la fin d'août 187.., M. X*** est surpris à la campagne par la pluie qu'il reçoit pendant plusieurs heures, et ne peut quitter ses vêtements mouillés que le soir, en rentrant à Paris. Le lendemain, diarrhée abondante et douloureuse, qui dure deux jours, puis tout à coup apparaît une uréthrite avec écoulement copieux, purulent, douloureux, sans érections, cependant. Le dernier coït remontait à plus de six semaines, M. X*** en est très-certain et insiste sur la valeur de ce renseignement.

Au moment même où apparaissait l'uréthrite, conjonctivite double avec sécrétion muco-purulente, qui n'a pas duré plus de huit ou dix jours. Il ne s'agissait pas là d'une conjonctivite

purulente blennorrhagique due à la contagion directe; on doit
regarder cette manifestation oculaire comme appartenant au
rhumatisme. Elle a, en effet, présenté une bénignité extrême
et cédé à un traitement fort simple après une courte durée;
telle n'est point la marche des ophthalmies si graves dues à
l'action du pus blennorrhagique.

Deux jours après le début de l'uréthrite et de la conjonctivite,
quelques douleurs se font sentir dans le genou droit, et une
arthrite aiguë se déclare avec fièvre intense, délire; puis la
fluxion atteint successivement l'articulation tibio-tarsienne,
le coude, le poignet, toujours du côté droit, présentant en
chaque lieu un degré d'acuité extrême. Après avoir duré une
douzaine de jours, l'uréthrite avait spontanément disparu.
M. X***, qui s'était mis au lit le 3 septembre, s'est levé pour la
première fois le 12 octobre; mais une rechute est survenue,
et ce n'est qu'au commencement de janvier que la guérison a
été complète.

Un an après, en octobre, sous l'influence du froid, en l'absence de toute maladie vénérienne, conjonctivite et iritis re-
connues de nature rhumatismale par le Dr Pannas.

Depuis lors, M. X*** a conservé une grande sensibilité au
froid, il éprouve de temps en temps des douleurs articulaires.

Ce qui frappe particulièrement dans cette observation dont, nous le répétons, tous les détails sont
de la plus indiscutable authenticité, c'est la mobi-
lité des symptômes qui ont marqué le début du
mal. Le premier est l'entérite : une diarrhée intense
et douloureuse précède l'uréthrite et la conjonctivite qui se développent en même temps ; enfin, les
fluxions articulaires apparaissent en dernier lieu.

Abernethy raconte qu'il a connu plusieurs personnes sujettes aux écoulements de l'urèthre, à
l'ophthalmie, qu'il appelle irritative, et au rhumatisme articulaire. Il ajoute que, chez ces malades,

quand le rhumatisme cessait, l'écoulement de l'u-
rèthre recommençait, et quand l'écoulement de
l'urèthre cessait, l'affection de l'œil se reprodui-
sait, et ainsi une maladie alternait avec une
autre (1). L'observation précédente nous a présenté un tableau symptomatique presque analogue,
et, bien que le rhumatisme puisse s'accompagner
de manifestations variées, il est rare de pouvoir établir aussi nettement leur enchaînement et leur
filiation.

Une dernière observation nous est personnelle :
un de nos amis, médecin aux Eaux d'Aix, nous en
a rendu témoin :

OBSERVATION VI.

M.F*** vient à Aix en 1873 ; au milieu de sa saison thermale
(19 août) ; à la suite de pluies et d'orages assez violents, pendant lesquels il s'était peut-être exposé au froid, il eut une
légère recrudescence dans les douleurs musculaires et articulaires. En même temps apparut de l'iritis et un écoulement
séreux blanchâtre presque indolore. Questionné très-attenti-
vement sur l'origine de cet écoulement, il nie tout coït depuis
plus d'un mois ; la dernière blennorrhagie remonte à une dizaine
d'années ; depuis lors, ce malade s'est marié et n'a jamais rien
eu du côté des voies urinaires. Un traitement fut institué contre
l'iritis : pommade mercurielle belladonée, huile de croton
derrière les oreilles, etc., etc. Malgré cela, le 26, date du départ
du malade, l'état persistait encore. L'écoulement était resté
blanchâtre, sans jamais devenir très-abondant.

____

(1) Rollet. *Recherches sur la Syphilis.* 1861, page 402.

La coïncidence des deux affections : iritis et uréthrite, n'est-elle pas une preuve de leur origine rhumatismale? Je ferai remarquer que, dans cette circonstance, l'écoulement n'était pas très-abondant; mais il ne s'agissait pas ici d'un rhumatisme articulaire à forme aiguë comme dans les observations précédentes.

Nous donnons comme renseignement bibliographique l'indication des quelques autres cas que nous n'avons pas trouvés, après une lecture attentive, assez probants pour la thèse que nous soutenons :

Observation de Duparcque (*Journal de Malgaigne*, 1846);

Celles de MM. lvaren, Yvan, Brodie, Cuynat, Plisson, Hervieux, que nous trouvons rapportées aux pages 15, 19, 20, 24, 31 et 33, de la brochure de M. le docteur Bonnière (*Essai théorique et pratique sur la blennorrhagie de nature rhumatismale.* A. Delahaye, 1866).

Urèthrite aiguë causée par un refroidissement (*Giornale italiano delle malattie veneree et delle malattie della pelle, dal cav. dott. G. B. Soresina. Milano,* anno V, vol. 1, 1870).

L'étude de ces faits ne nous montre-t-elle pas un rapport intime de cause à effet entre le rhumatisme et ces écoulements : fluxion articulaire et fluxion uréthrale ne sont-elles pas la manifestation d'un même processus ? On ne peut invoquer ici une simple coïncidence : dans les observations II et IV, les malades n'avaient *jamais vu de femme;* jamais ils n'avaient eu de symptômes inflammatoires du côté des voies urinaires ; dans les autres, la période écoulée entre le dernier coït et l'apparition de l'uréthrite nous fait rejeter l'idée d'une aussi longue incubation. Mais tous ces malades sont rhumatisants ; une arthropathie survient bientôt suivie d'un écoulement, écoulement qui se reproduit dans le cas de **M.** Martineau, à chaque retour du rhumatisme : le malade prévient lui-même son médecin de l'imminence de l'uréthrite.

C'est en vain, croyons-nous, que les esprits les plus prévenus essayeraient d'assigner à ces uréthrites une autre étiologie que la diathèse rhumatismale. La succession naturelle de ces phénomènes, auxquels on ne peut assigner de cause étrangère, la considération de leur coïncidence, de leur alternance avec la maladie articulaire, fait reconnaître leur nature.

Le rhumatisme n'est point une maladie liée à la lésion d'un seul et même tissu. Tout en reconnaissant qu'il a certains siéges de prédilection, Stall, Barthez, Trousseau, Pidoux (1), etc., admettent qu'il peut frapper tous les tissus, tous les organes.

Il suffit, en effet, de considérer la variété de ses manifestations pour reconnaître que le processus dont il dépend est susceptible de se localiser, soit sur les séreuses, soit sur les muscles, soit sur les nerfs, soit enfin sur les muqueuses. On a admis des coryzas, des angines de nature rhumatismale,

____

(1) Fernet. Thèse de Paris. 1865, page 37.

pourquoi refuser à la muqueuse de l'urèthre une même susceptibilité ?

Qu'elle se borne à l'hyperhémie, ou que, par la persistance de cet état, elle aboutisse à la phlegmasie véritable, la congestion paraît se retrouver au début de toute manifestation rhumatismale.

Le processus se localise-t-il sur l'urèthre, on aura, ou bien une légère fluxion avec un suintement séro-muqueux : *uréthrorrhée;* ou bien, à un degré plus aigu, une véritable uréthrite purulente.

Symptômologie et Traitement.

Un écoulement rhumatismal s'est développé ; présente-t-il des caractères spéciaux? Quelles vont être ses allures, sa durée ? Se distinguera-t-il d'une blennorrhagie ordinaire due à la contagion ?

Et d'abord que devient la fluxion articulaire ?

Nous voyons une amélioration presque constante dans les symptômes articulaires marquer le début de l'écoulement uréthral. Le même fait, depuis longtemps signalé, se passe du côté du canal alors que l'arthrite suit la blennorrhagie. Dans les deux cas, nous n'avons pas à invoquer de métastase; l'inflammation, très-amoindrie, n'en subsiste pas moins à des degrés divers. L'amendement dans les premiers symptômes est dû à une sorte de révulsion naturelle, analogue à celle qu'exercerait un vésicatoire. Il n'y a, du reste, aucune règle générale à établir ici.

Date d'apparition. — A quelle époque du rhumatisme se montre l'écoulement? D'après les quelques observations que nous avons pu réunir, nous le voyons paraître à des époques bien diverses; deux fois vers le douzième jour (obs. I et II), presque au début de la maladie (obs. III) ; une fois il a été la première manifestation du rhumatisme.

Nous ne pouvons donc lui assigner une date exacte; de plus nombreuses observations ne la donneraient peut-être que bien approximativement.

Ici, en effet, nous nous trouvons encore en face de l'imprévu, cette caractéristique que le rhumatisme imprime à ces diverses manifestations.

Dans sa thèse d'agrégation, M. le Dr Ball (1) cherchant à quelle période surviennent le plus fréquemment les complications du côté du cœur, parle de cas où la péricardite, par exemple, s'est montrée en même temps que la fluxion articulaire, ou même l'a précédée.

« Il nous paraît donc établi d'une manière irréfragable, écrit-il, que le rhumatisme articulaire peut débuter quelquefois par le cœur et ne se montrer que subsidiairement du côté des jointures. »

Bouillaud (1), le premier, a démontré la certitude de cette manifestation.

On a aussi admis l'origine rhumatismale de certaines affections de l'intestin précédant toute autre manifestation du rhumatisme articulaire aigu (Ball) (3).

Raisonnant par analogie, ne pouvons-nous pas légitimement inférer que le même fait peut se passer du côté du canal ?

(1) *Du Rhumatisme viscéral.* 1866, page 21.
(2) *Traité du Rhumatisme*, page 282.
(3) Ball., *loc. cit.*, page 104.

Dans ces cas, nous aurions une blennorrhagie rhumatismale tout aussi bien que lorsque l'arthrite a précédé l'écoulement.

Nous expliquerions ainsi le cas si obscur de ces blennorrhagies qui se montrent fréquemment et sans cause connue chez certains sujets prédisposés, et qui sont suivies peu après de phénomènes articulaires.

On dit qu'il y a rhumatisme blennorrhagique ne serait-ce pas souvent, alors, le cas de faire comme M. Peter, de renverser les termes de la proposition ?

Le malade est rhumatisant, il s'expose à une des causes qui réveillent la diathèse, le froid humide, par exemple, et la première localisation se fait sur l'urèthre.

C'est aussi l'opinion de M. le Dr Clerc ; il nous citait dernièrement l'observation consignée déjà dans le traité de M. Desmarre (1) sur les maladies des yeux. Il s'agit d'un jeune homme atteint de rhumatisme qui depuis longtemps vivait avec la même femme. Trois fois en cinq ans il vit survenir une blennorrhagie suivie régulièrement, à trois jours de distance, de douleurs et de gonflement articulaires. Et chaque fois que pareils phénomènes se reproduisaient, lui aussi annonçait ce qui allait lui arriver. « Monsieur, disait-il, j'ai une chaudepisse, dans trois jours j'aurai une arthrite. » Eh bien, ce

____

(1) *Traité des maladies des yeux*, 1855, page 107.

malade n'avait aucun écart à se reprocher ; il n'avait rien changé à sa manière de vivre ordinaire et, notons-le surtout : le dernier écoulement chez lui s'est manifesté *près de deux mois* après toute relation sexuelle.

Ces récidives ne doivent pas nous étonner, on a reconnu depuis longtemps la facilité avec laquelle, sous la même influence, l'inflammation se localise dans un tissu précédemment affecté.

Cette même théorie, bien séduisante, n'expliquerait-elle pas aussi la persistance de la blennorrhagie chez un rhumatisant, sans attaque du côté des articulations ? Les non-identistes se sont appuyés sur des faits analogues pour démontrer l'indépendance des deux maladies, et tirer de là un argument contre l'identité du rhumatisme vulgaire et de celui qui provoque la blennorrhagie.

Pour nous, elle serait alors la seule manifestation de la diathêse, qui trouverait comme une porte de sortie, et s'épuiserait momentanément. Dans l'observation suivante, due à M. Diday, de Lyon, et que je relève dans la thèse de M. le Dr Diday (1) neveu, il se pourrait que nous ayons affaire à un de ces cas particuliers.

« M. G..., âgé de 55 ans, vient me consulter le 2 octobre 1850 pour un écoulement aigu *pas très-douloureux, mais jaune-vert abondant ;* il l'a depuis

____

(1) Diday neveu. *Thèse de Paris*, 18.

quatre ans, Il avait eu avant plusieurs attaques de rhumatisme aigu aux cous-de-pied, aux genoux, etc. Il n'en a plus depuis l'écoulement. Il y a un mois, à la suite d'un coït, l'écoulement est devenu fort douloureux, et il est tombé dans les bourses. »

L'écoulement était abondant, jaune-vert, peu douloureux, tenace, puisqu'il durait depuis quatre ans, en un mot, il avait tout l'aspect d'un écoulement entretenu par le rhumatisme ; de plus, le malade qui en était porteur n'a pas souffert de ses douleurs articulaires depuis son apparition.

Ici même, en admettant que le rhumatisme ne fût pas la seule cause de la blennorrhagie, il en a prolongé la durée ; il a porté spécialement son action sur l'urèthre ; de là une dérivation salutaire pour les articulations autrefois victimes de la diathèse.

Pouvons-nous être plus affirmatifs sur les autres caractères de cet écoulement ?

Aspect et abondance de l'écoulement. — Les auteurs que nous avons cités dans la partie historique de ce travail s'accordent à dire qu'il est généralement très-copieux, d'abord séreux, puis jaunâtre purulent ; en somme, analogue, quant à son aspect, à un écoulement ordinaire.

Les douleurs ne semblent pas s'être jamais montrées aussi vives, sauf dans le cas de H. Bass, cité plus haut. Ordinairement ces uréthrites sont, au contraire, remarquables par leur indolence. Semblable a été la marche de la maladie dans la plupart des observations que nous avons citées. Dans l'obs. VI, l'écoulement n'avait pas, il est vrai, l'abondance signalée partout. Mais peu d'inflammations offrent une si grande variété dans leur intensité ; un suintement léger, peut-être dû à la même cause que la chaudepisse cordée la plus aiguë. Une même femme malade donne des blennorrhagies de degrés bien divers. Il y a plutôt ici une question de terrain que de nature. Mais, en général, l'uréthrite rhumatismale se fait remarquer par l'abondance de l'écoulement.

Les flux liés au rhumatisme, a écrit M. le Dr Fernet, ont un début brusque, ils acquièrent un développement souvent énorme.

Y a-t-il un rapport de gravité entre l'uréthrite et l'affection articulaire ? Nous le croyons, sans poser cependant ce principe en règle générale. Dans l'observation VI, nous avions plutôt affaire à un rhumatisme musculaire peu intense ; l'écoulement a été minime et tout à fait indolore ; dans les autres cas, au contraire, il s'agissait de rhumatisme articulaire aigu ; aussi le voyons-nous devenir très-copieux et durer plus longtemps ; mais on ne saurait, répétons-le, établir toujours une relation entre ces deux états.

Appareil fébrile qui l'accompagne. — Souvent un appareil fébrile accompagne ces uréthrites, mais la présence de la fluxion enlève toute valeur à ce symptôme. Ici, nous avons en effet des manifestations articulaires appartenant au rhumatisme vulgaire, auquel on ne refusera pas le droit d'être pyrétique, comme on l'a fait souvent à tort pour le rhumatisme éveillé par la blennorrhagie.

A propos d'état fébrile, ne devons-nous pas tenir compte de l'action qu'il peut exercer sur la marche de la blennorrhagie, et expliquer ainsi l'indolence dans ces cas particuliers? Hunter n'a-t-il pas dit : « Quelquefois la gonorrhée est si capricieuse que j'ai vu l'écoulement s'arrêter par une fièvre, survenir accidentellement, *la douleur en urinant se dissiper* ? »

Durée et traitement. — Il est rare que l'on abandonne à elle-même une affection aussi incommode ; le malade demande bien vite du soulagement à la thérapeutique ; et le traitement général ou local vient hâter la terminaison. Il est à noter qu'il suffit le plus souvent de combattre la cause déterminante : le rhumatisme, pour obtenir la guérison. Le traitement local ne semble pas avoir grand effet ; M. le docteur Calvo va même jusqu'à lui reconnaître des dangers. Sans aller aussi loin, nous croyons qu'il faut être très-réservé dans l'emploi des balsamiques usités contre la blennorrhagie ordinaire ; il est bien inutile de risquer de fatiguer l'estomac ou les intestins avec le copahu, le cubèbe, etc., lorsqu'il y a si peu d'avantage à en tirer. Les injections légères ne seraient utiles que

dans le cas où la maladie semblerait vouloir passer
à l'état chronique, ce qui est rare, du reste. L'on a
pu voir, dans les différents cas que j'ai rapportés,
une tendance à la guérison spontanée. C'est même
là son principal caractère. Ce fait qui semble être en
désaccord avec ce que nous avons dit plus haut de
la fréquence de la blennorrhée chez les rhumatisants, ne doit cependant pas nous étonner. Il s'agissait alors du rhumatisme à manifestations chroniques, tenaces ; ici au contraire nous sommes en face
du rhumatisme aigu et des lésions franchement
inflammatoires qu'il provoque.

Contagiosité. — Un point important nous reste à
étudier : Un écoulement de cette nature est-il contagieux ? Les exemples nous manquent, et il nous
serait difficile d'appuyer notre opinion sur des
faits ; mais, comme pour nous la virulence de la
blennorrhagie n'existe pas, que toute matière âcre
irritante, comme le pus, peut déterminer l'inflammation d'une muqueuse de même nature que celle
qui l'a sécrété, nous n'hésitons pas à croire que le
pus de l'uréthrite rhumatismale peut dans certains
cas se montrer aussi contagieux que celui de toute
autre blennhorragie.

Il n'y a là qu'à tenir compte de la plus ou moins
grande acuité du processus inflammatoire.

Or, quand le pus d'une blennorrhagie ordinaire
cesse-t-il d'être contagieux ? Y a-t-il une délimita-
tion bien exacte ?

Pourquoi demander une réponse plus catégorique dans le cas d'uréthrite rhumatismale ? .

L'écoulement sera contagieux tant qu'il sera copieux, jaunâtre, purulent ; il cessera de l'être lorsqu'il passera à l'état de simple suintement muqueux ; l'on ne peut, croyons-nous, préciser davantage.

En résumé, écoulement copieux, à début brusque, indolore, sur lequel la médication locale a peu de prise, et le plus souvent guérison spontanée après une durée relativement courte, état pyrétique fréquent ; coexistence d'une manifestation rhumatismale, ou tout au moins de la diathèse ; et surtout absence de toute cause de contagion ; tels sont, croyons-nous, les signes qui permettront de reconnaître la nature rhumatismale d'une uréthrite.

Ce diagnostic ne laissera pas souvent de présenter d'assez grandes difficultés. « Les praticiens les plus habiles, dit Baumès, dans son *Traité sur les diathèses*, ne peuvent dans un grand nombre d'affections, qui passent successivement sous leurs yeux, reconnaître, affirmer la présence d'une diathèse rhumatismale que quand les articulations ou les tissus musculaires, fibreux, venant à se fluxionner sous l'influence surtout du froid humide, les affections s'améliorent ou cessent entièrement (1). »

Et puis, en pareille circonstance, le médecin n'est-il pas un peu porté à soupçonner, et avec

(1) Baumès. *Traité sur les Diathèses.*

raison, la bonne foi de son client? Une sage réserve est donc nécessaire ; mais, dans certains cas, croyons-nous, ce serait faire injure que de vouloir absolument trouver une source de contagion niée par le malade ; d'autres fois, une impossibilité physique absolue s'oppose à tout rapport sexuel; l'on doit bien, en cas pareils, admettre l'origine rhumatismale de la maladie, alors que le sujet présente les autres attributs de la diathèse.

Il nous reste à signaler à la fin de ce chapitre ce que l'on a nommé blennorrhée rhumatismale. Nous ne nous trouvons plus en présence d'une affection aiguë; l'écoulement n'a plus cette abondance de l'uréthrite ; le canal, sous l'influence du rhumatisme sécrète en petite quantité une matière séreuse blanchâtre, lactescente.

Ces faits ne sont point rares; notre maître, M. Fournier, a déjà attiré l'attention sur eux en 1867. Il les désigne sous le nom : d'uréthrorrhée rhumatismale. Devons-nous voir dans ce simple suintement une manifestation légère, un premier degré du processus que nous venons de décrire ? C'est probable, et telle est notre opinion dans quelques cas.

La question n'offre, du reste, qu'un intérêt tout à fait secondaire au point de vue pratique ; il est fort peu de malades qui s'en aperçoivent; et le médecin doit soigneusement examiner l'urèthre s'il veut quelquefois rencontrer cette légère affection, qu'aucune douleur ne révèle au porteur.

Il se peut aussi que les gens qui présentent cet accident soient d'anciens blennorrhéens, chez qui le rhumatisme agit à la façon de toute autre excitation et ramène ce suintement demeuré inaperçu.

Nous croyons devoir mentionner ici un fait assez fréquent : Quelquefois, sous l'influence du traitement du rhumatisme par les eaux sulfureuses, il se développe un léger catarrhe de l'urèthre. Les malades accusent un peu de prurit pendant les mictions devenues plus fréquentes, il apparaît un suintement muqueux. M. le docteur Sénac-Lagrange, dans une brochure sur l'*Action des eaux sulfureuses* (1876), signale ce fait, dont nous avons été témoin nous-même : « Il ne s'agit probablement là, dit-il, que d'une action spéciale des hyposulfites, sulfites ou hydrogène sulfuré sur l'épithélium. »

Dans cette rapide étude de l'uréthrite rhumatismale, nous n'avons pu citer que deux faits nouveaux, et c'est avec les quelques cas consignés dans divers recueils, que nous avons essayé de démontrer l'existence de cette affection. Le petit nombre des observations qui nous ont semblé probantes, excuse cette indigence de documents inédits. Pour chacun des observateurs qui les ont signalées, elles ont toujours démontré la vérité de l'existence de la blennorrhagie rhumatismale; puisse leur ensemble conduire à la même conclusion.

DEUXIÈME PARTIE

DE LA CYSTITE RHUMATISMALE

—

§ 1. — *De la cystite dans le rhumatisme aigu.*

Il n'est pas rare d'observer dans le cours du rhumatisme aigu de la sensibilité à l'hypogastre, jointe à des besoins fréquents et douloureux d'uriner, quelquefois même on note une rétention complète.

Mais si l'on songe aux nombreuses causes d'erreur qui peuvent rendre difficile l'interprétation de ces symptômes, on comprend que la généralité des auteurs aient eu des doutes sur leur origine.

Quelques-uns les ont attribués au passage d'urines très-concentrées : l'intensité des phénomènes nous fait refuser d'admettre cette seule cause étiologique. Pourquoi n'ont-ils pas fixé l'attention dans

les autres pyrexies aiguës où l'urineest également
rare, foncée en couleur, sédimenteuse, tout aussi
concentrée en un mot? Nous nous expliquons difficilement leur rareté et surtout leur caractère éphé-
mère dans une maladie dont l'intensité bien, que
sujette à de nombreuses variations, subsiste un
certain temps à un degré élevé. Il devrait tout au
moins y avoir dans ce cas coïncidence entre l'apparition de cette cystite et les exacerbations de l'état
fébrile. Or ce n'est point ce que nous remarquons,
c'est au contraire plutôt au déclin de la maladie ou
avec un état pyrétique peu accentué que nous le rencontrons. C'est du moins ce que semblent démontrer
les quelques observations que nous avons réunies.
Cette circonstance est spécialement notée dans le
cas de M. le professeur Chauffard; les malades chez
qui nous avons observé ces symptômes ne présentaient pas un état général grave.

On a aussi invoqué l'influence de la cantharide,
dans les cas où l'on a cru devoir recourir au vésicatoire pendant la durée de la maladie.

Nous reconnaissons la possibilité de cette action,
tout en faisant remarquer que nous ne trouvons
plus ici les caractères si nets de la cystite cantharidienne. Et puis, cette cause ne peut toujours
être invoquée, même avec l'emploi des vésicatoires.

Voici un exemple de ce cas particulier, où l'on
ne peut, croyons-nous, incriminer la cantharide.

OBSERVATIONS.

Salle Sainte-Jeanne, n° 8, à l'Hôtel-Dieu (service de M. Rigal), est un malade atteint de rhumatisme aigu. Vers le dix-huitième jour de la maladie, il accuse un matin des besoins fréquents d'uriner; ce n'est qu'au prix d'efforts et de douleurs très-vives qu'il rend une très-faible quantité d'un liquide rougeâtre Les douleurs, chez ce malade, revêtirent une intensité extrême. « Il me semble, me dit-il, qu'on me passe un fer rouge dans la verge; j'ai beaucoup de peine à ne pas crier. » Les symptômes durèrent à peu près deux jours, puis tout rentra dans l'ordre. Des vésicatoires avaient été employés, c'est vrai, dans cette circonstance; mais six jours s'étaient écoulés depuis lors; la cystite cantharidienne apparaît à une époque plus rapprochée. De plus on remit un nouvel emplâtre vésicant deux jours après, et, malgré cela, les phénomènes de cystite ne se montrèrent plus.

Pour nous donc ces deux causes, dont nous sommes loin de constater la justesse en certains cas, ne sauraient cependant donner raison de tous les faits. Nous reconnaissons l'action irritante que peuvent exercer l'urine des rhumatisants riche en urates et en acide urique; mais elle trouve, croyons-nous, une muqueuse déjà prédisposée et ne pourrait provoquer, à elle seule, une telle acuité dans les symptômes. Une autre raison nous fait rejeter la concentration des urines comme seule cause de cystite; nous verrons en effet, à la fin de ce travail, que dans cette forme vague de rhumatisme caractérisé par des douleurs erratiques, musculaires et articulaires, sans aucun état fébrile, des désordres analogues surviennent quelquefois du côté de la vessie. Dans ces cas l'on ne saurait invoquer l'action des urines dont la composition reste normale.

Un malade couché au n° 1, salle Saint-Charles, à l'hôpital de la Charité (service de M. le professeur Sée), est au vingt-cinquième jour à peu près d'un rhumatisme polyarticulaire (articulations des genoux, des poignets). Les phénomènes inflammatoires se sont beaucoup amendés, il ne subsiste qu'un peu de gonflement douloureux du poignet et du genou droit. Interrogé par nous sur des accidents possibles du côté des voies urinaires, il nous dit qu'il y a cinq jours, il a éprouvé tout à coup une douleur très-vive qui a suivi la miction, pendant la journée les besoins d'uriner ont été fréquents, une dizaine de fois au moins, le passage de l'urine éveillait une sensation de chaleur désagréable, mais la douleur était surtout vive à l'apparition du besoin qu'il fallait de suite satisfaire, tant il était impérieux ; l'émission des dernières gouttes était aussi particulièrement pénible.

Ces phénomènes ont disparu le lendemain ; quoique moins intenses et moins répétés la nuit, ils avaient plusieurs fois réveillé le malade. Jusqu'à ce jour les fonctions s'étaient très-régulièrement accomplies ; blennorrhagie antérieure, mais à une époque très-éloignée, au moins douze ans. Aucun vésicatoire comme traitement local. Nous devons ajouter que ce malade, voyant, le lendemain matin, les accidents disparaître, ne les avait signalés à personne. C'est seulement pressé par nos questions qu'il nous en a parlé. La fugacité des phénomènes et la négligence de beaucoup de malades nous expliquent la rareté relative depareils faits.

Chomel admet l'étiologie rhumatismale de la cystite ; nous trouvons dans les leçons cliniques l'observation suivante à l'appui (1).

(1) *Clinique.* — Chomel et Requin, page 410.

Il s'agit d'une femme rhumatisante. Voici la fin de cette observation :

26 *avril.* — Douleur à l'hypogastre, émission des urines très-douloureuse, fréquentes micturitions qu'il est impossible de satisfaire. La malade a été sondée et l'on n'a pu obtenir d'urine. Deux selles. Pas de vomissements ni de nausées. Les douleurs rhumatismales ont disparu.

27 *avril.* — Les douleurs hypogastriques sont calmées, les douleurs rhumatismales ne sont pas revenues. Bon sommeil.

29 *avril.* — La malade est tout à fait bien.

Exeat.

L'observation suivante est rapportée par M. le professeur Chauffard (1).

J'ai vu un rhumatisant, jeune homme de vingt-cinq ans, d'un tempérament lymphatique sanguin et sans maladies antérieures, *sur le déclin de la fièvre et alors que les douleurs articulaires étaient en grande partie effacées*, pris de sourdes douleurs vésicales avec impossibilité d'uriner et sensibilité à l'hypogastre. Le cathétérisme devint nécessaire matin et soir, et la fièvre se ralluma légèrement. Après trois jours les symptômes vésicaux s'amendèrent, l'émission des urines redevint possible, mais une hémicrânie très-douloureuse se déclara, celle-ci diminua bientôt et fut la dernière manifestation du mal. »

Nous devons à l'obligeance de M. le docteur Ollivier le récit d'un fait analogue, nous regrettons de ne pouvoir donner les détails de cette observation intéressante à plus d'un titre.

Il s'agissait d'un jeune homme atteint de rhumatisme polyarticulaires avec réaction fébrile peu intense. Au quinzième jour à peu près de la maladie et sans blennorrhagie antérieure, le malade, qui jusqu'alors urinait avec facilité, fut pris de réten-

(1) Thèse d'agrégation, page 41.

tion complète, presque sans douleur. Cet état dura près de huit jours ; les urines obtenues par le cathétérisme n'ont jamais présenté de caractère particulier. Il y avait aussi un très-léger suintement blanchâtre par l'urèthre.

Dans un autre cas qu'il a également observé, M. le docteur Ollivier a pu voir se renouveler deux ou trois fois, dans le cours d'un rhumatisme aigu, des phénomènes douloureux de dysurie.

En examinant la marche de la maladie dans ces diverses observations, nous sommes frappés de la différence de caractère qu'elle a revêtue :

Tantôt il y a de fréquentes micturitions et l'excrétion urinaire est très-douloureuse, un sentiment d'ardeur et de cuisson existe en outre quelquefois le long du canal de l'urèthre. Il y a en même temps de fausses envies d'uriner. Tantôt, au contraire, il y a rétention d'urine, cependant un cathéter peut être introduit dans la vessie, sans rencontrer le moindre obstacle. On a observé d'ailleurs quelquefois sur le même individu et dans la même attaque des alternatives de dysurie et d'ischurie (1).

Cette remarque avait déjà été faite par Requin.

Comment expliquer une différence aussi tranchée dans les symptômes ? Les besoins fréquents, le ténesme, l'urine émise en petite quantité au prix des plus vives douleurs, tel est le tableau symptomatique que nous rencontrons dans une première catégorie de faits. Ce sont là les symptômes d'une cystite ordinaire où l'inflammation a gagné

(1) Ball., *loc. cit.*

par propagation le col de la vessie. L'analogie ne nous conduit-elle pas à supposer qu'il s'est fait alors une localisation spéciale sur la muqueuse, identique à celle que nous avons vue se produire dans l'uréthrite.

Mais lorsque nous sommes en présence d'une rétention subite (cas de M. Chauffard et de M. Ollivier), ne devons-nous pas chercher à cette nouvelle forme d'accidents une autre cause?

Le suintement uréthral léger qui accompagnait la rétention dans le cas de M. Ollivier, nous montre bien qu'ici encore il s'agit d'une inflammation. Toutefois, nous nous expliquons difficilement cette rétention subite sans phénomènes douloureux préalables durant la miction. Il s'est produit là un spasme du col. Ce fait n'est pas rare dans les cystites blennorrhagiques, mais là nous avons pour l'expliquer une inflammation primitive bien nette. Que ce soit par suite d'une action reflexe partie de la muqueuse malade, ou bien que l'on invoque l'extension pure et simple du processus inflammatoire jusqu'aux fibres du sphincter vésical, l'affection offre toujours alors un degré d'intensité assez considérable, et surtout elle ne débute jamais d'emblée par ce symptôme.

Or, dans le cas qui nous occupe, la rétention qui se produit est pour ainsi dire *primitive*, elle ne saurait, croyons-nous, être due seulement à une lésion considérable de la muqueuse, qui serait demeurée inaperçue jusqu'alors.

Force nous est donc, pour l'expliquer, de croire à sa localisation primitive dans le seul tissu anatomique dont la symptomatologie nous révèle l'état morbide; nous voulons parler des muscles sphincter. Il ne nous répugne nullement d'admettre dans l'épaisse couche musculaire qui, comme on le sait, entoure le col vésical, la possibilité de manifestations rhumatismales, au même titre que dans tel ou tel autre muscle de l'économie, « Le rhumatisme ont dit Trousseau et Pidoux (1), a de nombreuses manières de se manifester, et l'inflammation n'est pas la seule; la douleur, *le spasme, la contraction,* la paralysie, le flux, la congestion lui servent de symptômes plus souvent encore que la fluxion inflammatoire. »

Nous ne pouvons passer sous silence une théorie fort ingénieuse, et qui donnerait la clef de bien des phénomènes dont l'interprétation nous échappe. S'il faut en croire M. Caudmont, l'uréthrite, la cystite, le spasme d'origine rhumatismale, reconnaîtraient toujours pour cause première une altération de la prostate. Cette glande serait frappée dans son enveloppe aponévrotique au même titre que les articulations dans leurs capsules articulaires, en vertu de la prédilection du rhumatisme pour les *tissus blancs.* Une fois cet organe atteint, le mal se propagerait de proche en proche, et l'on verrait se produire les troubles divers qui dénotent

(1) *Traité de Thérapeut.*, tome I, page 554.

la fluxion de la muqueuse. Resterait encore à expliquer la grande fréquence de la cystite chez la femme, fait signalé par Chomel.

Les deux modes d'affection que nous venons d'exposer ont été jusqu'ici, dans les rares travaux où il en est question, décrits sous le nom de cystite. Nous leur conserverons donc cette dénomination, bien que, dans les cas de rétention sans douleur, le mot *spasme* ou *contracture rhumatismale* nous eût semblé préférable. L'alternance signalée de ces deux genres de manifestations montre bien que ces états sont unis entre eux et dépendent d'une même cause agissant à la fois et sur la muqueuse et sur les muscles. Cette diversité d'action n'est-elle pas une des caractéristiques du rhumatisme ?

Pour nous, les phénomènes irritatifs, quelle que soit leur nature, se passent presque toujours vers le col de la vessie ; l'absence dans les urines de mucosité, de pus, alors que la miction est pénible et fréquente, les douleurs vives pendant le passage des urines, les épreintes qui se produisent à la fin de l'acte portant la douleur à son paroxysme, sont des caractères de la cystite du col ; dans les cas de rétention complète, la localisation est plus facile encore. L'ensemble des signes généraux, l'état fébrile surtout perdent de leur importance ; ils sont expliqués par la fluxion articulaire concomitante.

Nous voyons donc là une cystite du col vésical, que son début et sa disparition brusque, son peu de durée, l'absence des causes ordinaires de la cystite (blennorrhagie, calcul, traumatisme), nous permettent de mettre sous la dépendance du rhumatisme.

§ II. — *De la cystite du col dans la forme chronique du rhumatisme.*

Nous avons spécialement en vue, dans cette dernière partie de notre étude, la forme si fréquente du rhumatisme caractérisée par des douleurs musculaires ou articulaires, vagues, erratiques, et obéissant aux variations de la température. Les désordres du col de la vessie ne sont point rares en pareille circonstance. Si l'attention ne semble pas s'être fixée spécialement sur ce point, cela est dù sans doute au peu de gravité des phénomènes qui nous occupent. Il est probable qu'en ceci, comme en bien d'autres questions secondaires, c'est surtout l'auto-analyse des malades qui fait défaut. La cystite du col a droit cependant à une place nette et précise dans le cadre des symptômes du rhumatisme musculaire chronique, car il suffit de faire appel à l'attention et aux souvenirs des malades pour qu'il leur vienne en la mémoire tout un ensemble de réminiscences sur ce sujet. Un grand nombre de rhumatisants, ceux surtout que leurs travaux sédentaires disposent aux affections vésicales, accusent, si on les interroge, des symptòmes de cystite du col.

Nous avons, pour les besoins de notre thèse, ques
tionné quelques-uns des médecins des eaux d'Aix,
qui, grâce à leur clientèle composée spécialement
de gens affectés de rhumatisme, étaient à même de
nous donner d'utiles renseignements. M. le docteur
Vidal, inspecteur de la station, notre père, le doc--
teur Guilland, M. Blanc, que nous sommes heureux de remercier ici, nous ont cité plusieurs de
leurs clients qui se plaignaient d'impatience
d'uriner, de ténesme alternant avec des douleurs
rhumatismales, *et cela sans catarrhe vésical;* bien des
fois ils ont eu l'occasion de vérifier ce complément
habituel du tableau symptomatique.

Mais, nous le répétons, la plupart des malades
signalent à peine une fréquence de la miction
qui ne leur semble pas liée à leur rhumatisme;
ceux-là seulement s'en plaignent à qui la nature de
leur profession rend cette fréquence momentanée
vraiment fâcheuse ; ou bien encore ceux qui
craignent d'avoir une maladie de la vessie distincte
de leur rhumatisme.

Nous rapportons ci-après quelques exemples de
cette cystite rhumatismale; nous eussions pu en
citer un plus grand nombre, mais nous avons cru
inutile d'accumuler des observations toujours uni-
formes. Nous ferons remarquer la valeur que
nous croyons pouvoir attribuer aux trois premières,
qui ont des médecins pour sujets.

Observation I.

(Inédite.)

Le docteur X..., voisin de la soixantaine, est rhumatisant. Il a éprouvé successivement, à diverses époques, des fluxions sur les articulations maxillaires, des torticolis, de la sciatique, du lumbago, des raideurs articulaires. La diathèse rhumatismale est bien caractérisée et héréditaire. N'ayant jamais eu aucune maladie des organes génitaux, aucun écoulement, aucun catarrhe vésical, ce qu'il éprouve de ce côté ne saurait être attribué qu'au rhumatisme, et voici comment il le décrit :

« Depuis dix-huit mois environ, j'ai commencé à ressentir des besoins fréquents d'uriner. Cet état n'est pas constant : il cède à l'influence de la chaleur, mais il est incontinent éveillé par un vent vif et froid, par l'humidité. Et alors il peut se multiplier jusqu'à toutes les demi-heures. Les aliments et les boissons n'ont qu'une légère influence.

« Le besoin d'uriner est *brusque, impérieux*; il met des larmes aux yeux, et l'évacuation de la vessie est loin de correspondre par sa rapidité à l'intimité du besoin qui l'avait sollicitée. Au moment où les muscles volontaires ont cessé de la retenir, l'urine met un certain temps à vaincre la résistance involontaire du col vésical, et s'écoule avec lenteur. Le commencement de la miction n'est pas douloureux à proprement parler, mais singulièrement agaçant, et ainsi que la glande lacrymale, l'appareil salivaire entre alors en surexcitation. Cette sympathie des divers appareils excréteurs s'étend même à la peau.

« Ce besoin, si brusque et si impérieux dès le premier instant de sa manifestation, s'assoupit si je lui oppose une vive résistance, et disparaît pour ne se faire sentir de nouveau que quelques instants après.

« Je le répète, parce que cela importe au diagnostic, il n'y a ici aucun rétrécissement uréthral, aucun engorgement prostatique, aucun dépôt catarrhal dans les urines. Je n'ai pas employé de traitement direct pour cette affection dont la nature évidente pour moi me laissait sans inquiétude sur sa portée. Toutefois, ayant essayé les eaux d'Aix contre mon rhumatisme, j'ai cru constater, l'été dernier (1875), que les bains chauds et les douches modifiaient avantageusement la susceptibilité du col de la vessie ; mais cette observation perd de sa valeur, l'été étant un temps d'apaisement relatif des symptômes qui nous occupent.

OBSERVATION II.

(Inédite.)

Un des maîtres de la syphilographie, un de nos maîtres, m'ayant appris un jour qu'il avait eu une cystite rhumatismale, je le priai de vouloir bien m'en donner l'observation. La voici, telle qu'il vient de nous l'adresser dans le style humoristique qui lui est familier.

Constitution de bonne trempe, taille et force moyennes, tempérament mixte, avec prédominance de l'élément nerveux ; œil bleu, teint coloré, cheveux châtains, bon appétit ; tels sont depuis plus de cinquante ans mes moyens d'existence. Moyens excellents, qui sans doute m'eussent permis de vivre heureux par la chair et par l'esprit, sans ce mauvais génie, sans cet implacable ennemi de toutes joies et de tout repos, que nous nommons *rhumatisme*.

Dès l'âge de douze ans, je le trouvai en possession de mes nerfs crâniens. La plus petite infraction à une hygiène sévère me valait une atroce migraine. Au lycée, pour un excès de travail, une version de Juvénal ou un thème grec, migraine ; pour me lever ou me coucher une heure trop tôt ou une heure trop tard, migraine ; pour une promenade un peu longue, par le froid ou sous le soleil, migraine ; pour une soirée au théâtre, migraine ; pour trop boire ou trop manger et, plus tard, pour trop aimer... toujours l'affreuse migraine !

Trop aimer m'a valu aussi, il faut bien que je l'avoue pour entrer dans le sujet de cette thèse, plusieurs blennorrhagies. Mais ici je ne saurais dire au juste quelle part y prit le rhumatisme..... Dans un cas cependant, la source du mal minutieusement examinée fut trouvée pure de tout limon contagieux. Mettons ce cas, si vous y tenez, sur le compte du rhumatisme. Peu importe d'ailleurs un méfait de plus ou de moins dans son sac toujours bourré de nos misères.

Je n'ai jamais éprouvé dans mes articulations que quelques douleurs vagues et passagères. Le monstre préférait mes muscles. Muscles du dos, du cou, de l'épaule, des bras, des avant-bras, des lombes, de la cuisse, et jusqu'aux muscles de l'abdomen, tous y ont passé. Que de fois la douleur a ravivé mes souvenirs anatomiques, marquant de ses traits aigus le lieu, la direction, les insertions de tel ou tel muscle effacé de ma mémoire ! Le scalpel de Sappey n'eût pas mieux fait.

Si j'avais pu ignorer que le col de la vessie est riche en fibres musculaires de toutes sortes, le rhumatisme, à défaut de Wilson, me l'eût appris. Il y a environ une dizaine d'années, je fus pris, à la suite d'un refroidissement, de besoins d'uriner fréquents et impérieux. Lenteur, hésitation dans le départ de l'urine, finesse du jet, douleur vive au passage des dernières gouttes, immédiatement suivies d'un nouveau besoin plus pressant d'en émettre encore (ténesme vésical), rien ne manquait à ces symptômes caractéristiques de la cystite du col d'essence rhumatismale. Les nuits m'étaient particulièrement pénibles. Des rêves, ou plutôt d'affreux cauchemars torturaient mon sommeil. Trouver un mur propice était leur unique objectif, le but idéal que poursuivait, à travers les péripéties du songe et sans jamais l'atteindre, mon ardent désir de mettre en pratique la définition biblique de l'homme : *animal mingens ad parietem.*

Eau de Vichy, camphre et bromure de potassium forcèrent peu à peu le rhumatisme à quitter la place, ce qu'il ne fit toutefois qu'à regret et non sans se cramponner quelques jours encore aux fibres deltoïdiennes de mon épaule droite.

Comme je l'ai dit en commençant, j'ai doublé le cap de la cinquantaine. Quelques indices avant-coureurs du catarrhe et de l'asthme me font craindre que mon vieil ennemi ne songe

bientôt à prendre sa retraite dans mes bronches. Le bruit court qu'il se plaît en cet humide lieu, et qu'il tient à y rester long-temps. Son séjour y serait, dit-on, un brevet de longue vie...
Ainsi soit il !

Docteur X...

Observation III.

(Inédite.)

M. X..., médecin des hôpitaux de Paris, a eu en 1870 une première attaque de rhumatisme qui se localisa sur les gaînes tendineuses : tendons de la rotule, du cou-de-pied, des poignets. La marche de ces accidents fut très-aiguë, la maladie dura près de quatre mois.

Il ne reste aujourd'hui comme manifestations rhumatismales que des douleurs localisées spécialement dans les fessiers et les muscles de la cuisse. De plus, quatre fois déjà sous l'influence du froid seulement, M. X... a vu survenir subitement des envies fréquentes d'uriner. Les besoins se répètent jusqu'à toutes les demie-heures, les urines n'ont jamais présenté de modifica-tions dans leur aspect. Cet état d'irritabilité de la vessie, après une durée de six heures à un jour au plus, disparaît sans laisser de trace. Il ne s'était jamais montré avant 1870. Pour M. X..., ces incommodités passagères sont essentiellement liées au rhu matisme.

Observation IV.

(Inédite.)

M. L...., âgé de 35 ans, présente depuis longtemps les signes avérés de la diathèse rhumatismale. A plusieurs reprises, il est venu à Aix. Il est rare qu'il ne ressente pas dans ses articula-tions ou dans ses muscles les signes avant-coureurs des varia-tions du temps. Mais elles lui sont particulièrement pénibles

par les troubles qu'elles apportent dans l'accomplissement des
fonctions urinaires. Il souffre alors d'une véritable cystite :
mictions répétées et peu abondantes, ténesme souvent fort
désagréable ; tels sont les phénomènes qui se sont déjà produits
plusieurs fois, et coïncident toujours avec un abaissement de
la température. Ces symptômes sont de courte durée : un jour
à peu près ; une seule fois ils ont persisté près de quarante-huit
heures. Ils ne s'accompagnent d'aucune trace d'écoulement. Le
malade nie, du reste, toute blennorrhagie antérieure. Jamais
de sable dans les urines.

Des écarts dans le régime, des repas plus copieux, plus
arrosés, n'ont jamais éveillé la susceptibilité de la vessie.

Ainsi nous sommes en présence d'une affection
très-passagère, de forme bénigne, qui ne se révèle
souvent que par des besoins répétés, sans douleur
bien vive pendant la miction ; toutes les personnes
qui nous ont dit avoir souffert de cette forme de cystite insistent sur ce dernier point. Il n'y a pas chez
elles de cuisson véritable au passage des urines,
mais simplement une exagération dans le nombre
des mictions, accompagnées de la sensation
pénible que chacun éprouve lorsqu'un violent
besoin d'uriner n'est pas satisfait : les dernières
contractions seules sont douloureuses.

En somme, il y a plutôt là susceptibilité qu'inflammation de l'organe, et la dénomination qui lui
conviendrait le mieux, croyons-nous, est celle de
col irritable analogue à cet état spécial que l'on a
décrit sous ce nom dans divers organes.

Maintenant faut-il voir dans ces symptômes une
manifestation de la diathèse rhumatismale ?

L'obscurité est encore bien grande à ce sujet, et

nous devons résister à l'entraînement naturel qui nous porterait à généraliser des faits isolés et à voir une manifestation dans ce qui peut-être n'est qu'une simple coïncidence. Toutefois, nous ferons remarquer que bien des raisons plaident en faveur de cette opinion. Nous avons été frappé de la fréquence de la cystite du col chez les rhumatisants ; chez eux, elle alterne avec d'autres manifestations de la diathèse ; les mêmes conditions : le froid, l'humidité, la réveillent ; de plus, le traitement dirigé contre le rhumatisme (bains de vapeur, douches) diminuent cette sensibilité de la vessie. Et cependant nous n'osons formuler nettement une conclusion que le petit nombre de faits qu'il nous a été donné d'observer ne justifierait pas complétement. Il est trop tôt pour résoudre une question que de nombreuses statistiques peuvent seules élucider.

Cystite chronique rhumatismale. — Chomel croit à l'existence de la cystite chronique rhumatismale. Nous lisons, en effet, dans les cliniques de Chomel et Requin : « Le rhumatisme vésical peut aussi, sans doute, exister sous la forme chroniq e M. le professeur Chomel a quelquefois observé certaines affections chroniques de la vessie qui lui ont paru de nature rhumatismale. En tel cas, la vessie était le siége de douleurs vives qui duraient depuis trois ou quatre mois, qui persistaient pendant les vingt quatre heures de la journée, avec micturitions presque continuelles et qui s'exagéraient lors de la miction, sans que l'urine offrît aucune modification dans son aspect, »

Ferrus, *Dictionn. de méd.*, 1835, page 567, parle de la cystite qui suit la disparition d'un rhumatisme, et signale sa tendance à passer à l'état chronique. « Dans ces circonstances, dit-il, Desbois de Rochefort, Chopart, Desault n'ont pas craint d'employer les vésicatoires avec les cantharides, et le succès a couronné cette hardiesse. C'est surtout dans la cystite supposée rhumatismale que Desbois faisait usage de ce moyen. »

Cette partie si complexe de la question ne saurait rentrer dans le cadre que nous nous sommes tracé. Nous avons cité le passage de Chomel et de Ferrus à titre de documents, pour montrer que ces auteurs croyaient bien à l'action du rhumatisme sur la vessie.

La cystite chronique peut se rencontrer quelquefois chez les vieillards affectés de rhumatisme chronique; mais elle n'est alors, croyons-nous, qu'une complication de leur état, et reconnaît pour cause la gène apportée à la miction par l'immobilité et le décubitus dorsal prolongés. L'influence de ces causes a été signalée par M. le docteur Cornil. Dans de nombreuses autopsies de rhumatisme chronique, faites à la Salpêtrière, cet observateur a trouvé trois fois les altérations de la cystite chronique du col, une fois celle de la cystite généralisée. « Il est infiniment probable, dit-il, que la cystite elle-même, ou plutôt les inflammations catarrhales répétées et devenues chroniques de la vessie, sont dues à l'immobilité, au décubitus dorsal ou à la position assise continuelle et à la difficulté de la miction » (1).

(1) Mémoires de la Société de Biologie. 1865.

TABLE DES MATIÈRES

Paris. — Pillet et Dumoulin, 5, rue des Grands-Augustins.

9 782019 268138